「意味順」だからできる！

小学生のための
英単語ドリル

はじめの一歩 **1**

田地野 彰 監修　中川 浩 著
Tajino Akira　Nakagawa Hiroshi

Jリサーチ出版

保護者の皆様へ

はじめに

　英語はますます重要になってきています。小学校では「英語が教科」として扱われ、中学や高校では「英語を英語で」学ぶことが推奨され、大学では「英語で学ぶ」授業が増えつつあります。

　しかしながら、いまだに「英語で文を作れない」「英語は難しい」と、英語学習に悩む中学生や高校生、大学生は少なくありません。

　これまでの英語学習では、英語について語ることはできても、英語を使うまでには至っていなかったのではないでしょうか。いま、英語の学び方が問われています。

　本書では「使う」ための英語の学び方として注目を集めている「意味順」をご紹介いたします。「意味順」の教育効果については、さまざまな研究により検証が行われ、その高い有効性は国内外の学術論文や専門書、学術会議などを通して発表されています。

英語の特徴

　英語には語句の順序が変わると、意味も変わるという特徴があります。英語は、単語の並べ方がとても重要な言語なのです。

　例えば、Tom ate the apple.（トムはりんごを食べた）を、語句の順序を誤って、The apple ate Tom.（りんごがトムを食べた）と言えば、意味はまったく通じません。

　では、どのように語句を並べればいいのでしょうか？

難解な文法用語は使わない

　語句の並べ方を学ぶ方法としては、これまでおもに「5文型」と呼ばれる5つの文パターンが使われてきました。その方法では、主語や動詞、目的語といった難解な文法用語が用いられます。しかし、意味の観点から語句の並びをとらえ直してみると、基本的に、主語は「人や生き物」が中心で、動詞は「動作（する）と状態（です）」を表し、目的語には「人やモノ、コト」が該当します。

　つまり、「だれが」「する（です）」「だれ・なに」なのです！

英語は「意味順」で成り立っている

　この**意味のまとまりの順序**に沿って語句を並べれば、言いたいことを英語で表現できるようになります。この意味のまとまりの順序を「意味順」と呼んでいます。本書では、「意味順」を「だれが」「する（です）」「だれ・なに」「どこ」「いつ」の５つのボックスで示しています。

　例えば、「私はさくらです」「私は毎日家で英語を勉強します」を英語で表現すれば、次のようになるでしょう。

1)　私はさくらです。

だれが	する（です）	だれ・なに	どこ	いつ
私は	です。	さくら		
I	am	Sakura.		

2)　私は毎日家で英語を勉強します。

だれが	する（です）	だれ・なに	どこ	いつ
私は	勉強します。	英語を	家で	毎日
I	study	English	at home	every day.

　このように、英語の特徴を活かした「意味順」を使って英語を学べば、**自分の意見や考え、気持ちを英語で表現できるように**なります。

　本書を通して、お子様たちが、楽しみながら英語を学んでくれることを願っております。

監修者　田地野　彰
（「意味順」考案者）

もくじ

「意味順」って何のこと？

英語は、

| だれが | する（です） | だれ・なに | どこ | いつ |

という順番で意味がまとまっています。
この「意味のまとまりの順じょ」のことを「意味順」とよびます。

例えば、「ぼくは / イヌを / かっている」だったら、

| だれが | = ぼくは（英語では "I"）

| する（です） | = かっている（英語では "have"）

| だれ・なに | = イヌ（英語では "a dog"）

という順じょに、英語を当てはめると

I have a dog.

という英語の文ができます。

とってもかんたんですよね！

このドリルでは、

| だれが | する（です） | だれ・なに | どこ | いつ |

を5つの「意味順」ボックスとよんでいます。

「意味順」ボックスを使えば、まるでパズルを当てはめていくように日本語を
英語にしていくことができます。

言いたいことを英語で伝えられるように、いっしょに「意味順」を楽しみましょう！

この本のとくちょうと使い方

● だれが　する（です）　だれ・なに　の３つの「意味順」ボックスに当てはめるだけで正しい英語が書けるようになる！

● 「意味順」ボックスが３色で色分けされており、小学生でもわかりやすい！

● 単語のなぞりから文を書くまでの４つのスモールステップをふむことで、英語の語順ルールが定着！

● 音声ダウンロード付きで、発音・リスニングの練習ができる！

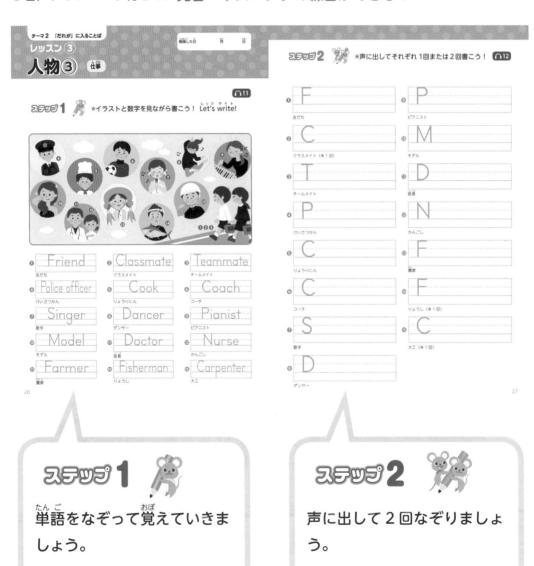

ステップ1
単語をなぞって覚えていきましょう。

ステップ2
声に出して２回なぞりましょう。

音声のトラック番号を表しています。

レッスン 人物 3

ステップ3 ★イラストをヒントに書こう！ 🎧13

Police officer
Carpenter
Farmer
Doctor
Keisuke
Friend
Classmate

友だち

けいさつかん

モデル

大工

りょうりにん

ダンサー

チームメイト

りょうし

農家

かんごし

コーチ

クラスメイト

ピアニスト

医者

歌手

28

ステップ4 ★ボックスに言葉をいれてなぞろう！ 🎧14

❶その歌手はかわいいです。

だれが	する (です)	だれ・なに
その歌手は	です	かわいい
The	is	cute.

注：文の頭にこないときは小文字だよ！

❷医者たちはかしこいです。

だれが	する (です)	だれ・なに
医者たちは	です	かしこい
	are	smart.

2人以上のときは -s をつけるよ。

❸クラスメイトたちはなかよしです。

だれが	する (です)	だれ・なに
クラスメイトたちは	です	なかよし
	are	friendly.

2人以上のときは -s をつけるよ。

29

ステップ3

絵をヒントに単語を書きます。テーマ3からはどこに入るか分けてみましょう。

ステップ4

絵から単語を考えて、英語の文を書いていく練習です。

7

音声ダウンロードについて

この本の音声は、英語→日本語の順番に流れます。
単語と文の発音・リスニングの確認、練習にご活用ください。

> おうちの人に
> やってもらってね!

かんたん! 音声ダウンロードのしかた

STEP 1 商品ページにアクセス! 方法は次の3とおり!

● QRコードを読み取ってアクセス。

● https://www.jresearch.co.jp/book/b556042.html を入力してアクセス。

● Jリサーチ出版のホームページ(https://www.jresearch.co.jp/)にアクセスして、「キーワード」に書籍名を入れて検索。

STEP 2 ページ内にある「音声ダウンロード」ボタンをクリック!

STEP 3 ユーザー名「1001」、パスワード「25083」を入力!

STEP 4 音声の利用方法は2とおり! 学習スタイルに合わせた方法でお聴きください!

● 「音声ファイル一括ダウンロード」より、ファイルをダウンロードして聴く。
● ▶ボタンを押して、その場で再生して聴く。

※ダウンロードした音声ファイルは、パソコン・スマートフォンなどでお聴きいただくことができます。一括ダウンロードの音声ファイルは .zip 形式で圧縮してあります。解凍してご利用ください。ファイルの解凍がうまくできない場合は、直接の音声再生も可能です。

音声ダウンロードについてのお問い合わせ先:toiawase@jresearch.co.jp (受付時間:平日9時〜18時)

テーマ1

アルファベット

レッスン①
大文字　A－Z

ステップ1　★2回書こう！　Let's write!　レッツ　ライト　∩02

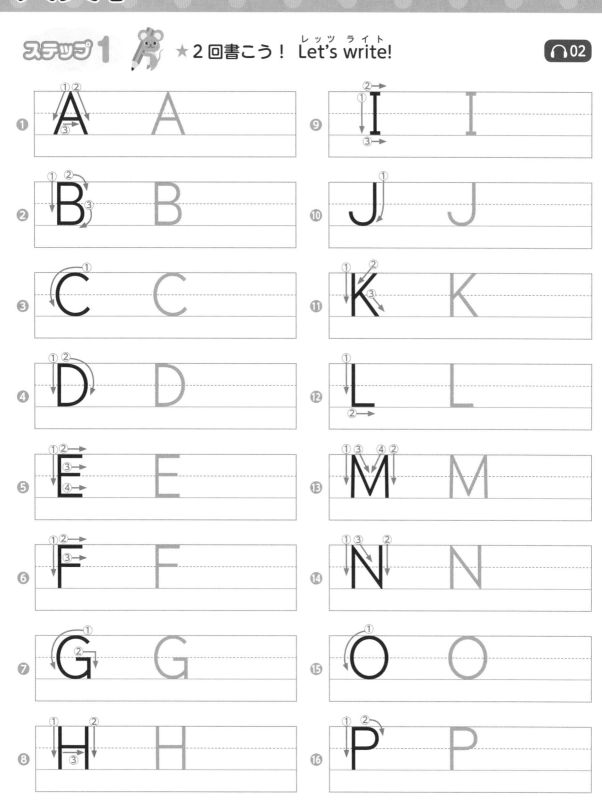

① A　A
② B　B
③ C　C
④ D　D
⑤ E　E
⑥ F　F
⑦ G　G
⑧ H　H
⑨ I　I
⑩ J　J
⑪ K　K
⑫ L　L
⑬ M　M
⑭ N　N
⑮ O　O
⑯ P　P

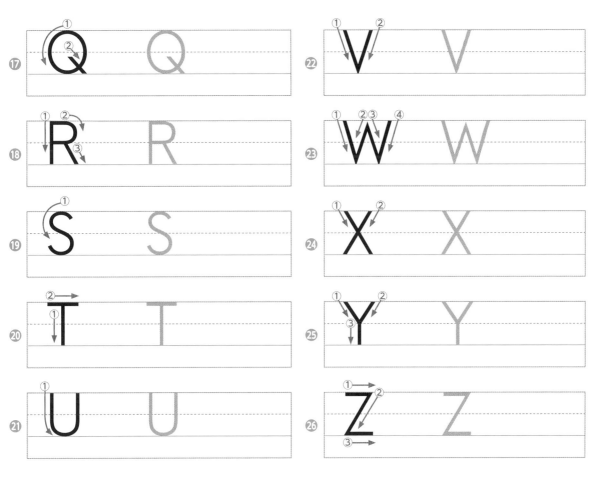

ステップ2 ★空いているところにアルファベットを入れてみよう！

A　　C　D　　F　G　　I

K　　M　N　O　　Q

S　T　　V　W　　Z

11

レッスン②

小文字　 a－z

勉強した日　　　　月　　　日

ステップ1　★2回書こう！　Let's write! 　レッツ ライト　🎧02

①

② b

③ c

④ d

⑤ e

⑥ f

⑦ g

⑧ h

⑨ i

⑩ j

⑪ k

⑫ l

⑬ m

⑭ n

⑮ o

⑯ p

ステップ3　★つなげてみよう！

❶　大文字のアルファベットをさがして、A→Zまで順番（じゅんばん）に線でつなごう！

❷　小文字のアルファベットをさがして、a→pまで順番（じゅんばん）に線でつなごう！

❸　小文字のアルファベットをさがして、q→uまで順番（じゅんばん）に線でつなごう！

❹　小文字のアルファベットをさがして、v→zまで順番（じゅんばん）に線でつなごう！

➡なにが見えてきたかな？

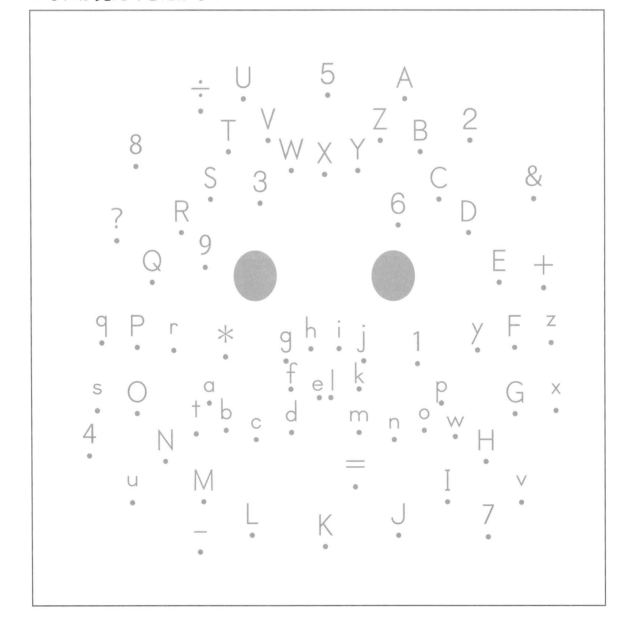

クイズ ★次の問題に答えよう！

Eの４つ前のアルファベットは何かな？

nの２つ後のアルファベットは何かな？

sの３つ前のアルファベットは何かな？

gの５つ後のアルファベットは何かな？

aの４つ後のアルファベットは何かな？

答えの中のアルファベットをならべて書いてみよう！

➡ P14 と P15 の答えは次のページ！

My コラム

大文字とピリオドの使いかた

英語の文は大文字からはじまるよ。

文の終わりは必ずピリオドをつけるよ。

だれが	する（です）	だれ・なに
わたしは	持っています	ペンを
I	have	a pen.

大文字   ピリオド

人や町などの名前も大文字からはじまるよ。

だれが	する（です）	だれ・なに
わたしは	です	ひろし
I	am	Hiroshi.

大文字   大文字

曜日や月、お祭りの日も大文字からはじまるよ。

だれが	する（です）	だれ・なに
わたしは	好きです	クリスマスの日が
I	like	Christmas Day.

大文字   大文字   大文字

声に出しながらなぞろう！

ひさえはりんごを食べます。

だれが	する（です）	だれ・なに
ひさえは	食べます	りんごを
Hisae	eats	an apple.

今日は日曜日です。

だれが	する（です）	だれ・なに
今日は	です	日曜日
Today	is	Sunday.

→ P14の答え：ねこ、P15の答え：Apple（りんご）

「だれが」に入ることば

レッスン①
人物① 学校

🎧03

ステップ1 ★イラストと数字を見ながらなぞろう！ Let's write!

❶ I
わたし

❷ You
あなた

❸ He
かれ

❹ She
かのじょ

❺ We
わたしたち

❻ They
かれら・かのじょら

❼ Student
せいと

❽ Teacher
先生

❾ This
これ

❿ That
あれ

⓫ It
それ

⓬ These
これら

⓭ Those
あれら

⓮ Hisae
ひさえ

⓯ Mike
マイク

❶ I

わたし

❷ Y

あなた

❸ H

かれ

❹ S

かのじょ

❺ W

わたしたち

❻ T

かれら・かのじょら

❼ S

せいと

❽ T

先生

❾ T

これ

❿ T

あれ

⓫ I

それ

⓬ T

これら

⓭ T

あれら

⓮ H

ひさえ

⓯ M

マイク

「だれが」に入る言葉の
はじめの文字はかならず
大文字だよ！

19

ステップ3 ★イラストをヒントに書こう！　🎧05

	わたし		かれ		せいと

	かれら・かのじょら		わたしたち		あなた

	先生		これ		あれ

	ひさえ		これら		かのじょ

	それ		マイク		あれら

❶わたしはひろしです。

だれが	する（です）	だれ・なに
わたしは	です	ひろし
	am	Hiroshi.

「だれが」が「わたし」のときは am になるよ。

❷かれはマイクです。

だれが	する（です）	だれ・なに
かれは	です	マイク
	is	Mike.

「だれが」が「かれ」「かのじょ」のときは is になるよ。

❸わたしたちはクラスメイトです。

だれが	する（です）	だれ・なに
わたしたちは	です	クラスメイト
	are	classmates.

「だれが」が「あなた」や「わたしたち」のときは are になるよ。

➡ ステップ 3 とステップ 4 の答えは 101 ページ！

レッスン②
人物② 家族(かぞく)

🎧07

ステップ1 ★イラストと数字を見ながら書こう！ Let's write!(レッツ ライト)

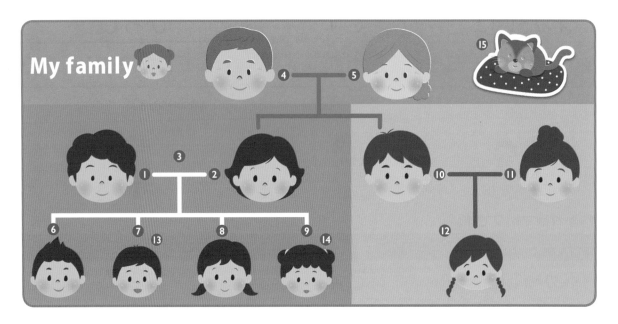

My family

① Father
お父さん

② Mother
お母さん

③ Parents
両親(りょうしん)

④ Grandfather
おじいさん

⑤ Grandmother
おばあさん

⑥ Older brother
お兄さん

⑦ Younger brother
弟

⑧ Older sister
お姉さん

⑨ Younger sister
妹

⑩ Uncle
おじさん

⑪ Aunt
おばさん

⑫ Cousin
いとこ

⑬ Boy
少年

⑭ Girl
少女

⑮ Pet
ペット

❶ F

お父さん

❷ M

お母さん

❸ P

両親

❹ G

おじいさん（※1回）

❺ G

おばあさん（※1回）

❻ O

お兄さん（※1回）

❼ Y

弟（※1回）

❽ O

お姉さん（※1回）

❾ Y

妹（※1回）

❿ U

おじさん

⓫ A

おばさん

⓬ C

いとこ

⓭ B

少年

⓮ G

少女

⓯ P

ペット

ステップ**3** ★イラストをヒントに書こう！ 🎧09

少女

おばさん

<ruby>両親<rt>りょうしん</rt></ruby>

妹

おじいさん

少年

お父さん

おじさん

お兄さん

おばあさん

いとこ

お姉さん

弟

お母さん

ペット

❶わたしのお父さんはせが低^{ひく}いです。

だれが	する（です）	だれ・なに
わたしのお父さんは	です	せが低い
My	is	short.

注：文の頭にこないときは小文字だよ！

❷わたしのお母さんはかしこいです。

だれが	する（です）	だれ・なに
わたしのお母さんは	です	かしこい
My	is	smart.

注：文の頭にこないときは小文字だよ！

❸わたしの両親^{りょうしん}はやさしいです。

だれが	する（です）	だれ・なに
わたしの両親は	です	やさしい
My	are	kind.

注：文の頭にこないときは小文字だよ！

➡ ステップ 3 とステップ 4 の答えは 101 ページ！

25

レッスン③

人物③ 仕事

 ステップ**1** ★イラストと数字を見ながら書こう！ Let's write!

① Friend
友だち

② Classmate
クラスメイト

③ Teammate
チームメイト

④ Police officer
けいさつかん

⑤ Cook
りょうりにん

⑥ Coach
コーチ

⑦ Singer
歌手

⑧ Dancer
ダンサー

⑨ Pianist
ピアニスト

⑩ Model
モデル

⑪ Doctor
医者

⑫ Nurse
かんごし

⑬ Farmer
農家

⑭ Fisherman
りょうし

⑮ Carpenter
大工

❶ F

友だち

❷ C

クラスメイト（※1回）

❸ T

チームメイト

❹ P

けいさつかん

❺ C

りょうりにん

❻ C

コーチ

❼ S

歌手

❽ D

ダンサー

❾ P

ピアニスト

❿ M

モデル

⓫ D

医者

⓬ N

かんごし

⓭ F

農家

⓮ F

りょうし（※1回）

⓯ C

大工（※1回）

27

ステップ3 ★イラストをヒントに書こう！ 🎧13

友だち	けいさつかん	モデル

大工	りょうりにん	ダンサー

チームメイト	りょうし	<ruby>農家<rt>のうか</rt></ruby>

かんごし	コーチ	クラスメイト

ピアニスト	<ruby>医者<rt>いしゃ</rt></ruby>	歌手

❶その歌手はかわいいです。

だれが	する（です）	だれ・なに
その歌手は	です	かわいい
The	is	cute.

注：文の頭にこないときは小文字だよ！

❷医者たちはかしこいです。

だれが	する（です）	だれ・なに
医者たちは	です	かしこい
	are	smart.

2人以上のときは s をつけるよ。

❸クラスメイトたちはなかよしです。

だれが	する（です）	だれ・なに
クラスメイトたちは	です	なかよし
	are	friendly.

2人以上のときは s をつけるよ。

➡ ステップ 3 とステップ 4 の答えは 102 ページ！

29

レッスン④

人物④ 仕事

🎧15

ステップ1 ★イラストと数字を見ながら書こう！ Let's write!

❶ Baker
パン屋

❷ Writer
作家

❸ Artist
げいじゅつ家、アーティスト

❹ Clerk
店員

❺ Dentist
歯医者

❻ Pilot
パイロット

❼ Musician
ミュージシャン

❽ Engineer
エンジニア

❾ Wrestler
レスラー

❿ Bus driver
バスドライバー

⓫ Taxi driver
タクシードライバー

⓬ Swimmer
水泳選手

⓭ Soccer player
サッカー選手

⓮ Baseball player
野球選手

❶ B

パン屋

❷ W

作家

❸ A

げいじゅつ家、アーティスト

❹ C

店員

❺ D

歯医者

❻ P

パイロット

❼ M

ミュージシャン

❽ E

エンジニア

❾ W

レスラー

❿ B

バスドライバー（※1回）

⓫ T

タクシードライバー（※1回）

⓬ S

水泳選手

⓭ S

サッカー選手（※1回）

⓮ B

野球選手（※1回）

ステップ3 ★イラストをヒントに書こう！ 🎧17

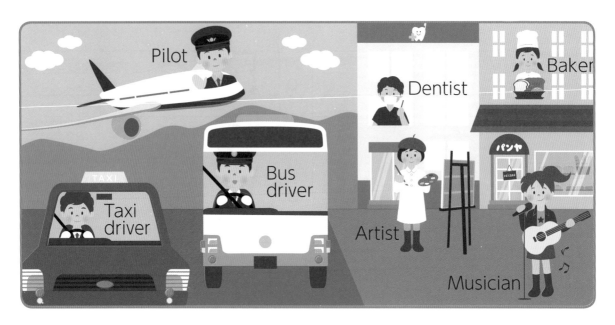

パイロット	水泳選手	パン屋

サッカー選手	作家	バスドライバー

げいじゅつ家、アーティスト	エンジニア	タクシードライバー

レスラー	店員	野球選手

歯医者	ミュージシャン

❶サッカー選手（せんしゅ）たちはかっこいいです。

だれが	する（です）	だれ・なに
サッカー選手たちは	です	かっこいい
	are	cool.

2人以上のときは s をつけるよ。

❷そのレスラーは強いです。

だれが	する（です）	だれ・なに
そのレスラーは	です	強い
The	is	strong.

❸その店員（てんいん）はいそがしいです。

だれが	する（です）	だれ・なに
その店員は	です	いそがしい
The	is	busy.

➡ ステップ 3 とステップ 4 の答えは 102 ページ！

33

テーマ2　まとめ

★次の日本語を英語で書いてみよう

わたし	お母さん	妹

せいと	レスラー	歌手

医者	農家	あれ

これら	お父さん	ピアニスト

★次の英語を日本語で書いてみよう

This	It	Soccer player

Younger brother	We	She

Cook	Friend	Teammate

Farmer	Swimmer	Teacher

My コラム

★声に出してそれぞれ３回書いてみよう！

わたしの			
My	My		

あなたの			
Your	Your		

かれの			
His	His		

かのじょの			
Her	Her		

わたしたちの			
Our	Our		

あなたたちの			
Your	Your		

かれらの・かのじょらの			
Their	Their		

➡ 答えは 103 ページ！

★文を書こう！

❶わたしの友だちはやさしいです。

だれが	する（です）	だれ・なに
わたしの友だちは	です	やさしい
	is	kind.

❷わたしのお兄さんはせが高いです。

だれが	する（です）	だれ・なに
わたしのお兄さんは	です	せが高い
	is	tall.

❸かれの妹はかわいいです。

だれが	する（です）	だれ・なに
かれの妹は	です	かわいい
	is	cute.

❹かのじょのお父さんは大きいです。

だれが	する（です）	だれ・なに
かのじょのお父さんは	です	大きい
	is	big.

❺わたしたちの先生はわかいです。

だれが	する（です）	だれ・なに
わたしたちの先生は	です	わかい
	is	young.

➡ 答えは103ページ！

「する（です）」 に入ることば

レッスン ①
どうさ①

🎧22

ステップ 1 ★イラストと数字を見ながら書こう！ Let's write!

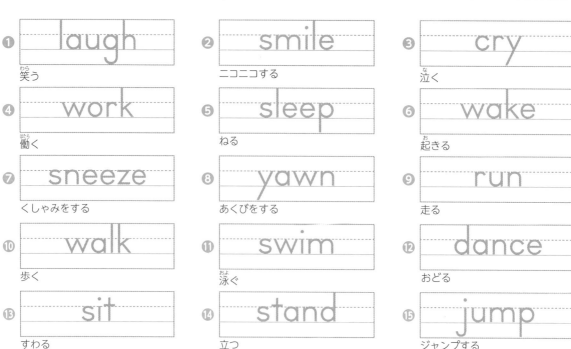

❶ laugh
笑う

❷ smile
ニコニコする

❸ cry
泣く

❹ work
働く

❺ sleep
ねる

❻ wake
起きる

❼ sneeze
くしゃみをする

❽ yawn
あくびをする

❾ run
走る

❿ walk
歩く

⓫ swim
泳ぐ

⓬ dance
おどる

⓭ sit
すわる

⓮ stand
立つ

⓯ jump
ジャンプする

ステップ**2** ★声に出してそれぞれ２回書こう！ 🎧23

❶ l

笑う

❷ s

ニコニコする

❸ c

泣く

❹ w

働く

❺ s

ねる

❻ w

起きる

❼ s

くしゃみをする

❽ y

あくびをする

❾ r

走る

❿ w

歩く

⓫ s

泳ぐ

⓬ d

おどる

⓭ s

すわる

⓮ s

立つ

⓯ j

ジャンプする

「する（です）」ボックス
に入るものは、小文字で
はじまるよ！

39

ステップ**3** ★イラストをヒントに書こう！　　　🎧24

わたし	ニコニコする	おどる

ねる	働く	わたしたち

かのじょら	あなた	泣く

★書いた単語はどちらに入るかな？　分けてみよう！

「だれが」に入ることば	「する（です）」に入ることば

❶わたしたちはねます。

だれが	する（です）	だれ・なに
わたしたちは	ねます	

ピリオドがつくよ！

❷かのじょらはニコニコします。

だれが	する（です）	だれ・なに
かのじょらは	ニコニコします	

ピリオドがつくよ！

❸あなたは泣きます。

だれが	する（です）	だれ・なに
あなたは	泣きます	

ピリオドがつくよ！

➡ ステップ3とステップ4の答えは103ページ！

レッスン②
どうさ②

🎧26

ステップ1 ★イラストと数字を見ながら書こう！ Let's write!

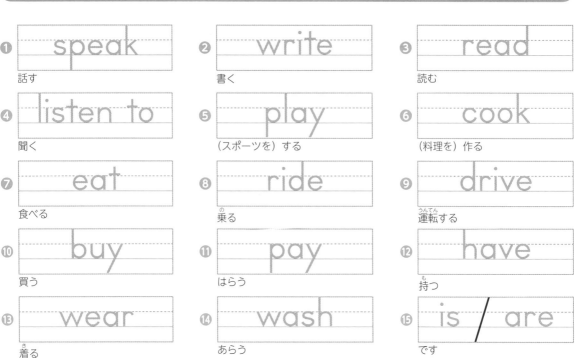

❶ speak
話す

❷ write
書く

❸ read
読む

❹ listen to
聞く

❺ play
（スポーツを）する

❻ cook
（料理を）作る

❼ eat
食べる

❽ ride
乗る

❾ drive
運転する

❿ buy
買う

⓫ pay
はらう

⓬ have
持つ

⓭ wear
着る

⓮ wash
あらう

⓯ is / are
です

❶ s

話す

❷ w

書く

❸ r

読む

❹ l

聞く

❺ p

（スポーツを）する

❻ c

（料理を）作る

❼ e

食べる

❽ r

乗る

❾ d

運転する

❿ b

買う

⓫ p

はらう

⓬ h

持つ

⓭ w

着る

⓮ w

あらう

⓯ i ／ a

です（※1回）

「だれが」が He/She/It のとき⇒is
「だれが」が You/We/They のとき
⇒ are になるよ！

ステップ**3** ★イラストをヒントに書こう！　🎧28

あなた	あらう	あれ

着(き)る	わたしたち	話します

です	お母さん	せいとたち

★書いた単語(たんご)はどちらに入るかな？　分けてみよう！

「だれが」に入ることば	「する（です）」に入ることば

❶あれはひさえです。

だれが	する（です）	だれ・なに
あれは	です	ひさえ
		Hisae.

「だれが」が This/That のときは
「する（です）」には is が入るよ！

❷かのじょらは車を運転します。

だれが	する（です）	だれ・なに
かのじょらは	運転します	車を
		a car.

❸わたしたちは英語を話します。

だれが	する（です）	だれ・なに
わたしたちは	話します	英語を
		English.

➡ ステップ3とステップ4の答えは 104 ページ！

レッスン ③
どうさ③

🎧30

ステップ 1　　★イラストと数字を見ながら書こう！ Let's write!

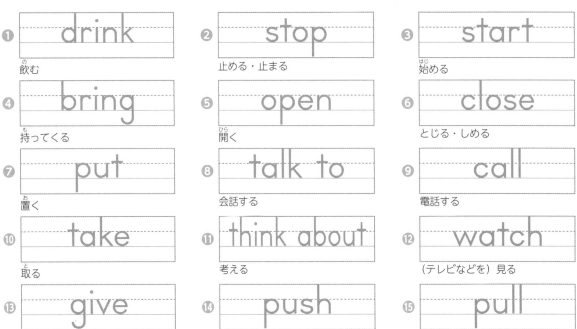

❶ drink
飲む

❷ stop
止める・止まる

❸ start
始める

❹ bring
持ってくる

❺ open
開く

❻ close
とじる・しめる

❼ put
置く

❽ talk to
会話する

❾ call
電話する

❿ take
取る

⓫ think about
考える

⓬ watch
（テレビなどを）見る

⓭ give
あたえる

⓮ push
おす

⓯ pull
引く

❶ d

飲む

❷ s

止める・止まる

❸ s

始める

❹ b

持ってくる

❺ o

開く

❻ c

とじる・しめる

❼ p

置く

❽ t

会話する

❾ c

電話する

❿ t

取る

⓫ t

考える

⓬ w

（テレビなどを）見る

⓭ g

あたえる

⓮ p

おす

⓯ p

引く

➡ **ステップ3とステップ4の答えは104ページ！**

47

ステップ **3** ★イラストをヒントに書こう！　🎧32

とじる・しめる	わたしたち	飲む

先生	あなた	電話する

（テレビなどを）見る	持ってくる	かれら

★書いた単語はどちらに入るかな？　分けてみよう！

「だれが」に入ることば	「する（です）」に入ることば

❶かれらはテレビを見ます。

だれが	する（です）	だれ・なに
かれらは	見ます	テレビを
		TV.

❷あなたはあなたの先生に電話します。

だれが	する（です）	だれ・なに
あなたは	電話します	あなたの先生に
		your teacher.

❸ゆりとけんはまどをしめます。

だれが	する（です）	だれ・なに
ゆりとけんは	しめます	まどを
		the windows.

and を使うよ

➡ ステップ3とステップ4の答えは104ページ！

49

レッスン④
どうさ④

勉強した日　　月　　日

🎧34

ステップ**1** ★イラストと数字を見ながら書こう！ Let's write!

❶ enjoy
楽しむ

❷ like
好き

❸ want
ほしい

❹ need
必要

❺ teach
教える

❻ learn
学ぶ

❼ study
勉強する

❽ ask
しつもんする

❾ answer
答える

❿ take
（テストを）受ける

⓫ practice
練習する

⓬ throw
投げる

⓭ catch
キャッチする

⓮ hit
打つ

⓯ kick
ける

① e

楽しむ

② l

好き

③ w

ほしい

④ n

必要

⑤ t

教える

⑥ l

学ぶ

⑦ s

勉強する

⑧ a

しつもんする

⑨ a

答える

⑩ t

（テストを）受ける

⑪ p

練習する

⑫ t

投げる

⑬ c

キャッチする

⑭ h

打つ

⑮ k

ける

ステップ3 ★イラストをヒントに書こう！　🎧36

打つ

好き

ほしい

かれら

かれ

投げる

教える

クラスメイトたち

学ぶ

★書いた単語はどちらに入るかな？　分けてみよう！

「だれが」に入ることば	「する（です）」に入ることば

52

❶わたしのクラスメイトたちは野球_{やきゅう}が好_すきです。

だれが	する（です）	だれ・なに
わたしのクラスメイトたちは	好きです	野球が
		baseball.

❷あなたは英語_{えいご}を教えます。

だれが	する（です）	だれ・なに
あなたは	教えます	英語を
		English.

❸かれはおもちゃがほしいです。

だれが	する（です）	だれ・なに
かれは	ほしいです	おもちゃが
		toys.

さいごに S がつくよ

➡ ステップ 3 とステップ 4 の答えは 105 ページ！

レッスン⑤
どうさ⑤

🎧38

ステップ**1** ★イラストと数字を見ながら書こう！ Let's write!

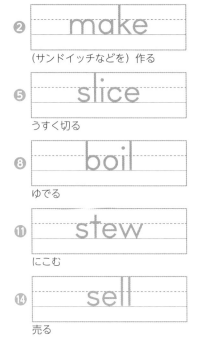

❶ cook
（料理を）作る

❷ make
（サンドイッチなどを）作る

❸ mix
まぜる

❹ cut
切る

❺ slice
うすく切る

❻ use
使う

❼ peel
（皮を）むく

❽ boil
ゆでる

❾ bake
（ピザやパンを）焼く

❿ toast
（パンなどを）焼く

⓫ stew
にこむ

⓬ pass
わたす

⓭ look at
〜を見る

⓮ sell
売る

⓯ grill
（肉や魚を）焼く

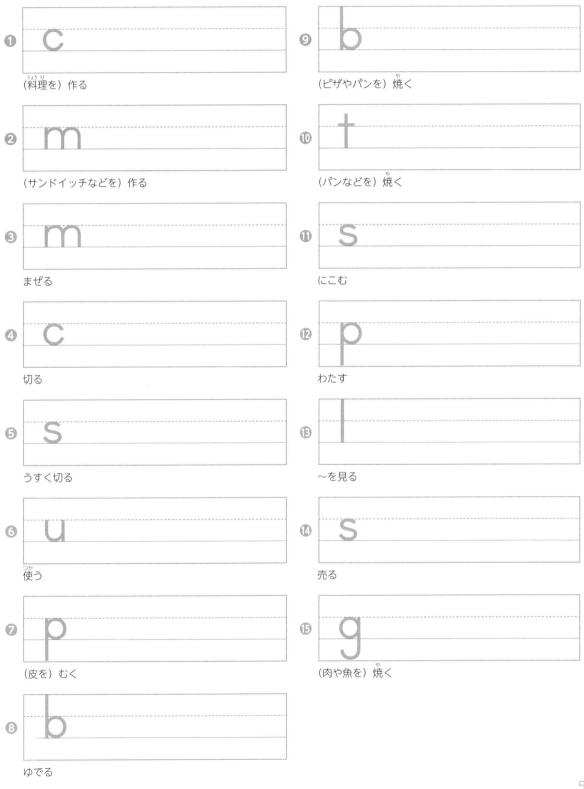

❶ c

（料理を）作る

❷ m

（サンドイッチなどを）作る

❸ m

まぜる

❹ c

切る

❺ s

うすく切る

❻ u

使う

❼ p

（皮を）むく

❽ b

ゆでる

❾ b

（ピザやパンを）焼く

❿ t

（パンなどを）焼く

⓫ s

にこむ

⓬ p

わたす

⓭ l

〜を見る

⓮ s

売る

⓯ g

（肉や魚を）焼く

ステップ3 ★イラストをヒントに書こう！　🎧40

| わたしのお母さん | わたしたち | お姉さん |

| （パンなどを）焼く | （サンドイッチなどを）作る | 料理する |

| お父さん | おばあさん | 切る |

★書いた単語はどちらに入るかな？ 分けてみよう！

| 「だれが」に入ることば | 「する（です）」に入ることば |

❶わたしのお父さんはサンドイッチを作ります。

だれが	する（です）	だれ・なに
わたしのお父さんは	作ります	サンドイッチを
		a sandwich.

さいごに S がつくよ

❷わたしのお母さんはパンを焼きます。

だれが	する（です）	だれ・なに
わたしのお母さんは	焼きます	パンを
		bread.

さいごに S がつくよ

❸わたしのおばあさんはいくつかの野菜を切ります。

だれが	する（です）	だれ・なに
わたしのおばあさんは	切ります	いくつかの野菜を
		some vegetables.

さいごに S がつくよ

➡ ステップ 3 とステップ 4 の答えは 105 ページ！

レッスン⑥

どうさ⑥

🎧42

ステップ1 ★イラストと数字を見ながら書こう！ Let's write!

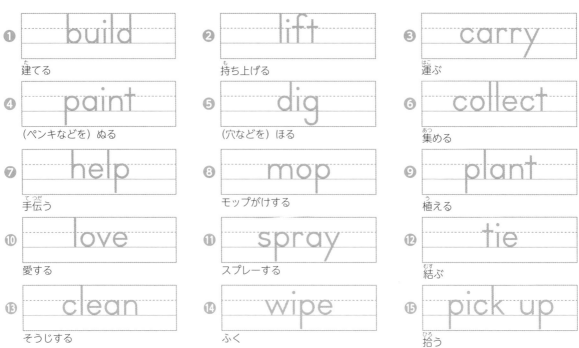

① build
建てる

② lift
持ち上げる

③ carry
運ぶ

④ paint
（ペンキなどを）ぬる

⑤ dig
（穴などを）ほる

⑥ collect
集める

⑦ help
手伝う

⑧ mop
モップがけする

⑨ plant
植える

⑩ love
愛する

⑪ spray
スプレーする

⑫ tie
結ぶ

⑬ clean
そうじする

⑭ wipe
ふく

⑮ pick up
拾う

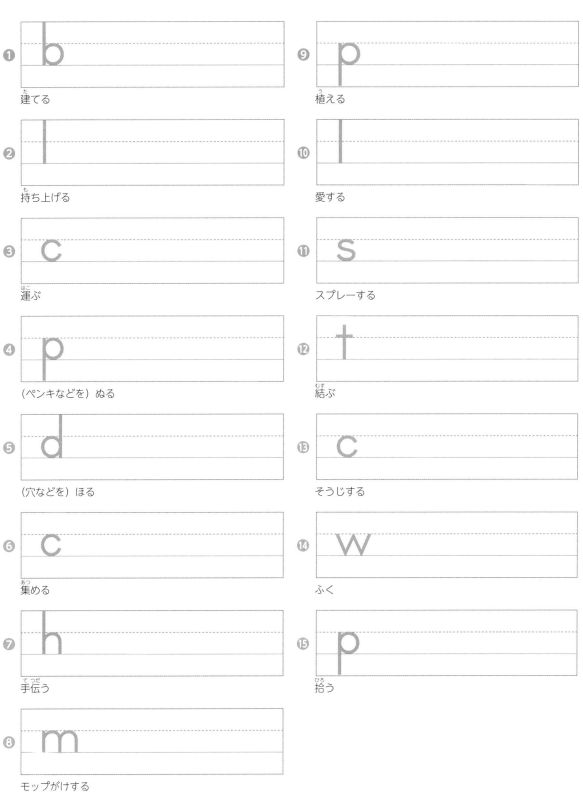

① b
建てる

② l
持ち上げる

③ c
運ぶ

④ p
（ペンキなどを）ぬる

⑤ d
（穴などを）ほる

⑥ c
集める

⑦ h
手伝う

⑧ m
モップがけする

⑨ p
植える

⑩ l
愛する

⑪ s
スプレーする

⑫ t
結ぶ

⑬ c
そうじする

⑭ w
ふく

⑮ p
拾う

ステップ**3** ★イラストをヒントに書こう！　🎧44

大工

そうじする

ぬる

建^たてる

わたしのお母さん

拾^{ひろ}う

お父さん

植^うえる

モップがけする

★書いた単語_{たんご}はどちらに入るかな？　分けてみよう！

「だれが」に入ることば	「する（です）」に入ることば

❶わたしのお母さんはお花を植えます。

だれが	する（です）	だれ・なに
わたしのお母さんは	植えます	お花を
		flowers.

さいごにSがつくよ

❷その大工は家を建てます。

だれが	する（です）	だれ・なに
その大工は	建てます	家を
The		a house.

さいごにSがつくよ

❸はるきはかべをぬります。

だれが	する（です）	だれ・なに
はるきは	ぬります	かべを
		a wall.

さいごにSがつくよ

➡ ステップ3とステップ4の答えは106ページ！

レッスン ⑦
どうさ ⑦

🎧46

ステップ 1 ★イラストと数字を見ながら書こう！ Let's write!

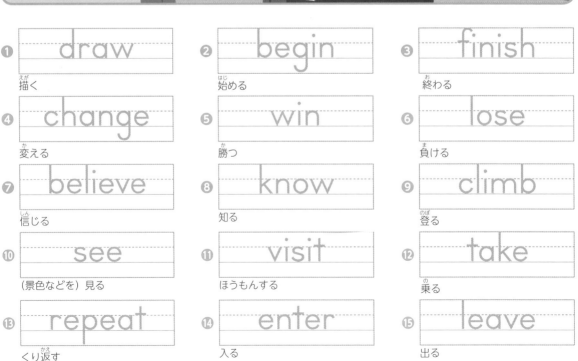

① draw
描く

② begin
始める

③ finish
終わる

④ change
変える

⑤ win
勝つ

⑥ lose
負ける

⑦ believe
信じる

⑧ know
知る

⑨ climb
登る

⑩ see
（景色などを）見る

⑪ visit
ほうもんする

⑫ take
乗る

⑬ repeat
くり返す

⑭ enter
入る

⑮ leave
出る

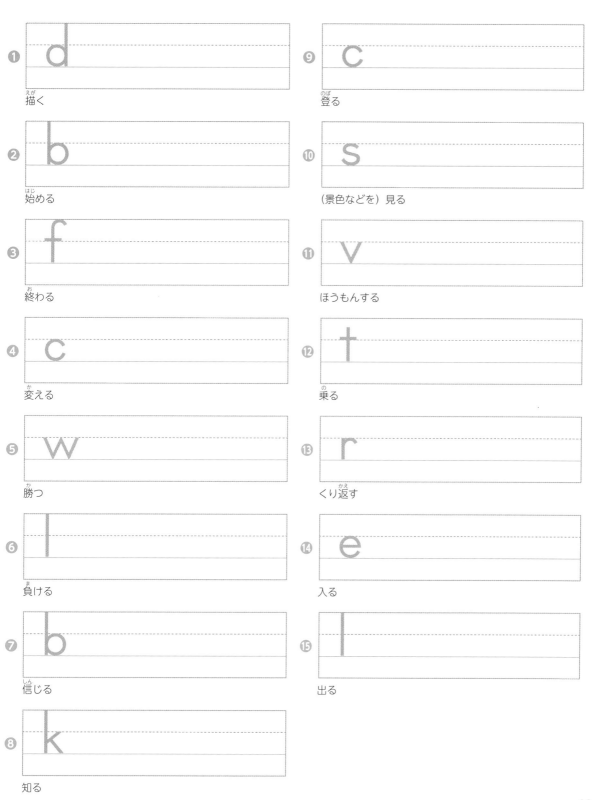

❶ d
描く

❷ b
始める

❸ f
終わる

❹ c
変える

❺ w
勝つ

❻ l
負ける

❼ b
信じる

❽ k
知る

❾ c
登る

❿ s
（景色などを）見る

⓫ v
ほうもんする

⓬ t
乗る

⓭ r
くり返す

⓮ e
入る

⓯ l
出る

ステップ**3** ★イラストをヒントに書こう！　🎧48

わたし	ほうもんする	入る

かれら	信_{しん}じる	かんごし

出る	せいとたち	乗_のる

★書いた単語_{たんご}はどちらに入るかな？　分けてみよう！

「だれが」に入ることば	「する（です）」に入ることば

64

❶わたしはあなたを信_{しん}じます。

だれが	する（です）	だれ・なに
わたしは	信じます	あなたを
		you.

❷せいとたちは教室を出ます。

だれが	する（です）	だれ・なに
せいとたちは	出ます	教室を
		the classroom.

❸かれらはバスに乗_のります。

だれが	する（です）	だれ・なに
かれらは	乗ります	バスに
		the bus.

➡ ステップ3とステップ4の答えは106ページ！

テーマ3 まとめ

★次の日本語を英語で書いてみよう

食べる	ねる	飲む

好き	そうじする	切る

持ってくる	描く	知る

ほしい	泣く	（スポーツを）する

★次の英語を日本語で書いてみよう

sit	run	open

enjoy	hit	mix

plant	win	lose

drive	close	wear

★ 英単語をボックスにいれて文を完成させよう。

❶わたしは本を買います。

だれが	する (です)	だれ・なに
わたしは	買います	本を
		a book.

❷ひさえは英語を教えます。

だれが	する (です)	だれ・なに
ひさえは	教えます	英語を
		English.

さいごに es がつくよ

❸かれらはドアをしめます。

だれが	する (です)	だれ・なに
かれらは	しめます	ドアを
		the door.

❹リサは花を植えます。

だれが	する (です)	だれ・なに
リサは	植えます	花を
		flowers.

➡ 答えは 107 ページ！

My コラム

★声に出しながら書いてみよう

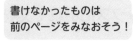

書けなかったものは
前のページをみなおそう！

わたしの先生
M   t

わたしの両親（りょうしん）
M   p

あなたの友だち
Y   f

あなたのおじいさん
Y   g

かれのクラスメイト
H   c

かれのチームメイト
t

かのじょのお兄さん
H

かのじょのおばあさん
g

わたしたちの妹
O   y   s

わたしたちのコーチ

あなたたちのお父さん
Y   f

あなたたちのクラスメイトたち

かのじょらのお母さん
T

かれらの友だち（数人いるとき）
T   s

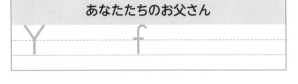

➡ 答えは 107 ページ！

「だれ・なに」に入ることば

レッスン①
物の名前① 食べ物　フルーツ

勉強した日　　月　　日

🎧53

ステップ1 ★イラストと数字を見ながら書こう！ レッツ ライト Let's write!

① apple
りんご

② pineapple
パイナップル

③ orange
みかん

④ melon
メロン

⑤ watermelon
すいか

⑥ banana
バナナ

⑦ grape
ぶどう

⑧ grapefruit
グレープフルーツ

⑨ peach
もも

⑩ cherry
さくらんぼ

⑪ strawberry
いちご

⑫ pear
なし

⑬ lemon
レモン

⑭ lime
ライム

⑮ fruit
フルーツ

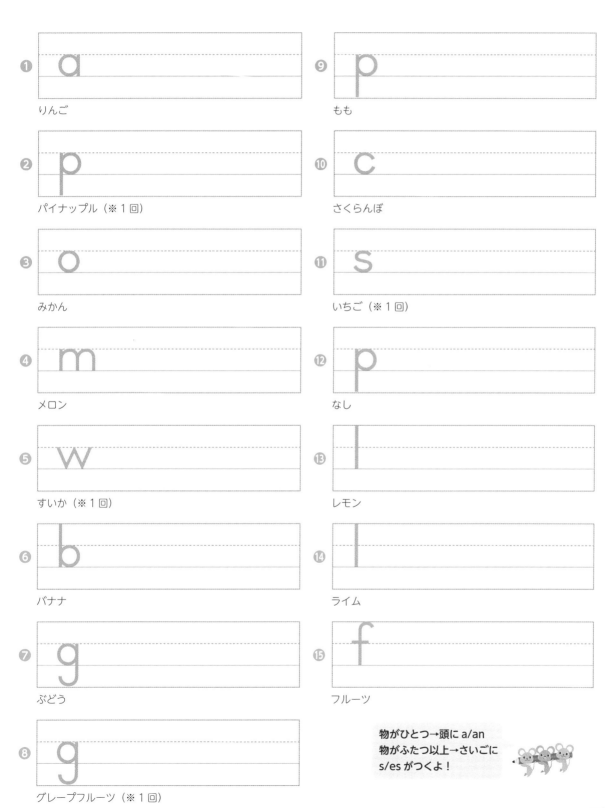

❶ a
りんご

❷ p
パイナップル（※１回）

❸ o
みかん

❹ m
メロン

❺ w
すいか（※１回）

❻ b
バナナ

❼ g
ぶどう

❽ g
グレープフルーツ（※１回）

❾ p
もも

❿ c
さくらんぼ

⓫ s
いちご（※１回）

⓬ p
なし

⓭ l
レモン

⓮ l
ライム

⓯ f
フルーツ

物がひとつ→頭にa/an
物がふたつ以上→さいごに
s/es がつくよ！

ステップ**3** ★イラストをヒントに書こう！　🎧55

えりとりか

うすく切る

レモン

わたしのお母さん

メロン

むく

切る

料理人

バナナ

★書いた単語はどこに入るかな？　分けてみよう！

「だれが」に入ることば	「する（です）」に入ることば	「だれ・なに」に入ることば

❶わたしのお母さんはメロンを切ります。

だれが	する（です）	だれ・なに
わたしのお母さんは	切ります	メロンを
		a

さいごにsがつくよ

❷えりとりかはバナナをむきます。

だれが	する（です）	だれ・なに
えりとりかは	むきます	バナナを

～と～＝ and でつなぐよ　　　　　　　　　2つ以上のときはsがつくよ

❸そのりょうりにんはレモンをうすく切ります。

だれが	する（です）	だれ・なに
そのりょうりにんは	うすく切ります	レモンを
The		a

さいごにsがつくよ

➡ ステップ3とステップ4の答えは108ページ！

レッスン②

物の名前②

食べ物 野菜

🎧57

ステップ1  ★イラストと数字を見ながら書こう！ Let's write!

❶ carrot	❷ potato	❸ onion
にんじん	じゃがいも	たまねぎ

❹ cabbage	❺ lettuce	❻ broccoli
キャベツ	レタス	ブロッコリー

❼ tomato	❽ cucumber	❾ eggplant
トマト	きゅうり	なす

❿ corn	⓫ green pepper	⓬ spinach
とうもろこし	ピーマン	ほうれん草

⓭ ginger	⓮ garlic	⓯ vegetable
しょうが	にんにく	野菜

ステップ2 ★声に出してそれぞれ1回または2回書こう！ 🎧58

① c

にんじん

② p

じゃがいも

③ o

たまねぎ

④ c

キャベツ（※1回）

⑤ l

レタス

⑥ b

ブロッコリー（※1回）

⑦ t

トマト

⑧ c

きゅうり（※1回）

⑨ e

なす

⑩ c

とうもろこし

⑪ g

ピーマン（※1回）

⑫ s

ほうれん草

⑬ g

しょうが

⑭ g

にんにく

⑮ v

野菜（※1回）

ステップ**3** ★イラストをヒントに書こう！ 🎧59

かれら

<ruby>野菜<rt>やさい</rt></ruby>

あらう

買う

わたし

トマト

にんじん

あなたのお母さん

食べる

★書いた<ruby>単<rt>たん</rt>語<rt>ご</rt></ruby>はどこに入るかな？　分けてみよう！

「だれが」に入ることば	「する（です）」に入ることば	「だれ・なに」に入ることば

❶かれらはいくつかの野菜（やさい）を買います。

だれが	する（です）	だれ・なに
かれらは	買います	いくつかの野菜を
		some

2つ以上のときは s がつくよ

❷わたしはにんじんを食べます。

だれが	する（です）	だれ・なに
わたしは	食べます	にんじんを
		a

❸あなたのお母さんはトマトをあらいます。

だれが	する（です）	だれ・なに
あなたのお母さんは	あらいます	トマトを
		a

さいごに es がつくよ

➡ ステップ3とステップ4の答えは 108 ページ！

レッスン③
物の名前③ 食べ物　朝食

🎧61

ステップ1 ★イラストと数字を見ながら書こう！　Let's write!

① rice
お米（ごはん）

② bread
パン

③ milk
牛乳

④ juice
ジュース

⑤ coffee
コーヒー

⑥ water
水

⑦ sandwich
サンドイッチ

⑧ salad
サラダ

⑨ cereal
シリアル

⑩ toast
トースト

⑪ pancake
パンケーキ

⑫ yogurt
ヨーグルト

⑬ butter
バター

⑭ egg
たまご

⑮ breakfast
朝食

① r

お米（ごはん）

② b

パン

③ m

牛乳

④ j

ジュース

⑤ c

コーヒー

⑥ w

水

⑦ w

サンドイッチ（※1回）

⑧ w

サラダ

⑨ c

シリアル

⑩ t

トースト

⑪ p

パンケーキ（※1回）

⑫ y

ヨーグルト

⑬ b

バター

⑭ e

たまご

⑮ b

朝食（※1回）

ステップ**3** ★イラストをヒントに書こう！　🎧63

たまご	飲む	おばあさん

あなたたち	パンケーキ	ゆでる

食べる	わたしの両親	ジュース

★書いた単語はどこに入るかな？　分けてみよう！

「だれが」に入ることば	「する（です）」に入ることば	「だれ・なに」に入ることば

❶わたしの両親はたまごをゆでます。

だれが	する（です）	だれ・なに
わたしの両親は	ゆでます	たまごを

さいごに s がつくよ

❷あなたたちはジュースを飲みます。

だれが	する（です）	だれ・なに
あなたたちは	飲みます	ジュースを

ジュースは S がつかないよ

❸わたしのおばあさんはパンケーキを食べます。

だれが	する（です）	だれ・なに
わたしのおばあさんは	食べます	パンケーキを

さいごに s がつくよ　　　　　さいごに s がつくよ

➡ ステップ 3 とステップ 4 の答えは 109 ページ！

レッスン④

物の名前④　さまざまな食べ物

🎧65

ステップ1 ★イラストと数字を見ながら書こう！ Let's write!（レッツ ライト）

❶ hamburger
ハンバーガー

❷ pizza
ピザ

❸ hotdog
ホットドッグ

❹ steak
ステーキ

❺ pasta
パスタ

❻ meat
肉

❼ bacon
ベーコン

❽ ham
ハム

❾ sausage
ソーセージ

❿ chicken
とり肉

⓫ pork
ぶた肉

⓬ beef
牛肉

⓭ fish
魚

⓮ lunch
昼食

⓯ dinner
夕食

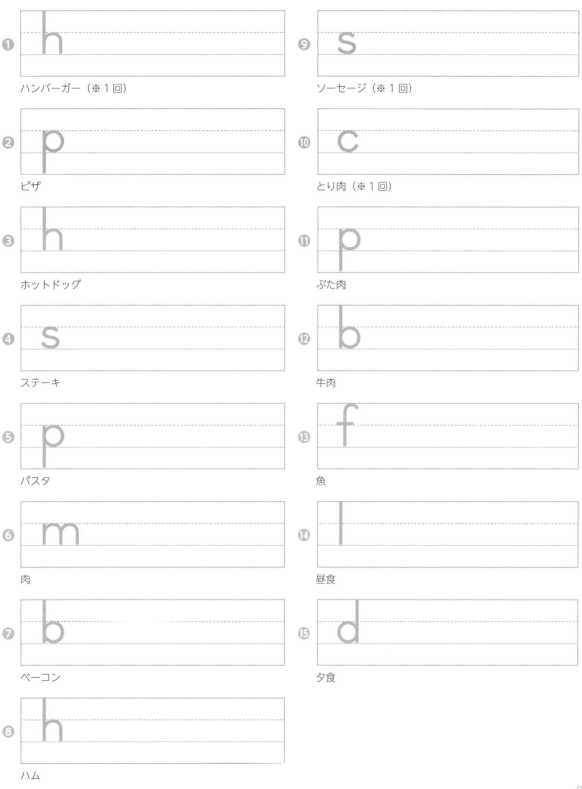

❶ h

ハンバーガー（※1回）

❷ p

ピザ

❸ h

ホットドッグ

❹ s

ステーキ

❺ p

パスタ

❻ m

肉

❼ b

ベーコン

❽ h

ハム

❾ s

ソーセージ（※1回）

❿ c

とり肉（※1回）

⓫ p

ぶた肉

⓬ b

牛肉

⓭ f

魚

⓮ l

昼食

⓯ d

夕食

ステップ3 ★イラストをヒントに書こう！　　🎧67

ステーキ

わたし

ピザ

ハム

（ピザやパンなどを）焼く

あなたたち

わたしたち

（肉や魚を）焼く

スライスする

★書いた単語はどこに入るかな？　分けてみよう！

「だれが」に入ることば	「する（です）」に入ることば	「だれ・なに」に入ることば

❶あなたたちはピザを焼きます。

だれが	する（です）	だれ・なに
あなたたちは	焼きます	ピザを

ピリオドを忘れずに！

❷わたしたちはステーキを焼きます。

だれが	する（です）	だれ・なに
わたしたちは	焼きます	ステーキを

ピリオドを忘れずに！

❸あなたたちはハムをうすく切ります。

だれが	する（です）	だれ・なに
あなたたちは	うすく切ります	ハムを

ハムはＳがつかないよ

➡ ステップ3とステップ4の答えは109ページ！

レッスン⑤

物の名前⑤ 動物

勉強した日　　　月　　　日

🎧69

 ステップ**1**　★イラストと数字を見ながら書こう！　Let's write!

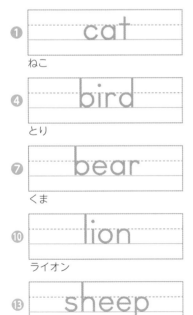

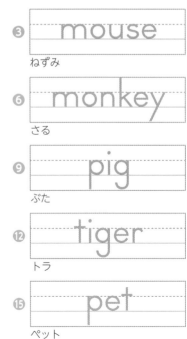

① cat
ねこ

② dog
犬

③ mouse
ねずみ

④ bird
とり

⑤ fox
きつね

⑥ monkey
さる

⑦ bear
くま

⑧ horse
馬

⑨ pig
ぶた

⑩ lion
ライオン

⑪ elephant
ゾウ

⑫ tiger
トラ

⑬ sheep
ひつじ

⑭ rabbit
うさぎ

⑮ pet
ペット

❶ c

ねこ

❷ d

犬

❸ m

ねずみ

❹ b

とり

❺ f

きつね

❻ m

さる（※1回）

❼ b

くま

❽ h

馬

❾ p

ぶた

❿ l

ライオン

⓫ e

ゾウ（※1回）

⓬ t

トラ

⓭ s

ひつじ

⓮ r

うさぎ

⓯ p

ペット

人や動物は「だれが」に
も入るよ！くわしくは、
100ページを見てね！

ステップ3 ★イラストをヒントに書こう！　🎧71

わたし	食べる	犬

ほしい	飲む	魚

ねこ	水	トラ

★書いた単語はどこに入るかな？　分けてみよう！

「だれが」に入ることば	「する（です）」に入ることば	「だれ・なに」に入ることば

❶わたしは犬がほしいです。

だれが	する (です)	だれ・なに
わたしは	ほしいです	犬が
		a

❷そのねこは魚を食べます。

だれが	する (です)	だれ・なに
そのねこは	食べます	魚を
The		

　　　　　　　　　さいごにsがつくよ　　　　魚はaもsもつかないよ！

❸そのトラは水を飲みます。

だれが	する (です)	だれ・なに
そのトラは	飲みます	水を
The		

　　　　　　　　　さいごにsがつくよ　　　　水はaもsもつかないよ！

➡ ステップ3とステップ4の答えは110ページ！

レッスン ⑥
物の名前⑥ スポーツ

🎧73

ステップ1 ★イラストと数字を見ながら書こう！ Let's write!

❶ soccer
サッカー

❷ baseball
野球

❸ softball
ソフトボール

❹ volleyball
バレーボール

❺ basketball
バスケットボール

❻ badminton
バドミントン

❼ golf
ゴルフ

❽ tennis
テニス

❾ table tennis
卓球

❿ rugby
ラグビー

⓫ swimming
水泳

⓬ surfing
サーフィン

⓭ skateboarding
スケートボード

⓮ snowboarding
スノーボード

⓯ sports
スポーツ

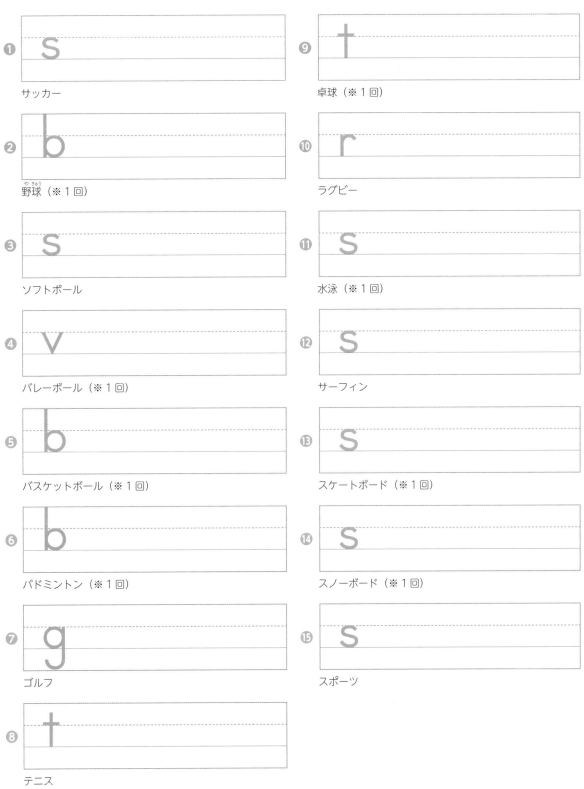

❶ s
サッカー

❷ b
野球（※1回）

❸ s
ソフトボール

❹ v
バレーボール（※1回）

❺ b
バスケットボール（※1回）

❻ b
バドミントン（※1回）

❼ g
ゴルフ

❽ t
テニス

❾ t
卓球（※1回）

❿ r
ラグビー

⓫ s
水泳（※1回）

⓬ s
サーフィン

⓭ s
スケートボード（※1回）

⓮ s
スノーボード（※1回）

⓯ s
スポーツ

ステップ 3 ★イラストをヒントに書こう！　🎧75

play golf

enjoy soccer

watch baseball

サッカー

（スポーツを）する

<ruby>野球<rt>やきゅう</rt></ruby>

わたしのお父さん

わたしたち

せいとたち

（テレビなどで）見る

ゴルフ

楽しむ

★書いた<ruby>単語<rt>たんご</rt></ruby>はどこに入るかな？　分けてみよう！

「だれが」に入ることば	「する（です）」に入ることば	「だれ・なに」に入ることば

❶わたしたちは野球（やきゅう）を見ます。

だれが	する（です）	だれ・なに
わたしたちは	見ます	野球を

❷そのせいとたちはサッカーを楽しみます。

だれが	する（です）	だれ・なに
そのせいとたちは	楽しみます	サッカーを
The		

❸わたしのお父さんはゴルフをします。

だれが	する（です）	だれ・なに
わたしのお父さんは	（スポーツを）します	ゴルフを

さいごにsがつくよ

➡ ステップ3とステップ4の答えは110ページ！

レッスン⑦
物の名前⑦ 気持ち・様子

🎧77

ステップ1 ★イラストと数字を見ながら書こう！ Let's write!

① happy
幸せ

② sad
悲しい

③ fine
良い、元気

④ friendly
親しい

⑤ angry
おこった

⑥ busy
いそがしい

⑦ kind
親切

⑧ nice
やさしい

⑨ tired
つかれている

⑩ beautiful
美しい

⑪ cute
かわいい

⑫ smart
かしこい

⑬ strong
強い

⑭ short
せが低い

⑮ tall
せが高い

ステップ2 ★声に出してそれぞれ1回または2回書こう！ 78

① h

幸せ

② s

悲しい

③ f

良い、元気

④ f

親しい

⑤ a

おこった

⑥ b

いそがしい

⑦ k

親切

⑧ n

やさしい

⑨ t

つかれている

⑩ b

美しい（※1回）

⑪ c

かわいい

⑫ s

かしこい

⑬ s

強い

⑭ s

せが低い

⑮ t

せが高い

ステップ**3** ★イラストをヒントに書こう！ 🎧79

わたし	です(「だれが」→わたし)	かれ

です(「だれが」→わたしたち)	かのじょら	いそがしい

幸せ	親しい	です(「だれが」→あなた)

★書いた単語はどこに入るかな？ 分けてみよう！

「だれが」に入ることば	「する（です）」に入ることば	「だれ・なに」に入ることば

❶わたしは幸せです。

だれが	する（です）	だれ・なに
わたしは	です	幸せ

❷かれはいそがしいです。

だれが	する（です）	だれ・なに
かれは	です	いそがしい

❸かのじょらはかわいいです。

だれが	する（です）	だれ・なに
かのじょらは	です	かわいい

➡ ステップ3とステップ4の答えは111ページ！

テーマ 4 まとめ

★次の日本語を英語で書いてみよう

りんご	にんじん	魚

ハム	ねこ	サッカー

幸せ	犬	いそがしい

せが低い	レモン	水

★次の英語を日本語で書いてみよう

fruit	cucumber	yogurt

hamburger	tiger	sad

beautiful	friendly	smart

fine	sports	pet

★ 英単語をボックスにいれて文を完成させよう。

① あれらはわたしのチームメイトたちです。

だれが	する（です）	だれ・なに
あれらは	です	わたしのチームメイトたち

② かれらは親切です。

だれが	する（です）	だれ・なに
かれらは	です	親切

③ あなたは魚を買います。

だれが	する（です）	だれ・なに
あなたは	買います	魚を

④ あなたのお姉さんはほうれん草を切ります。

だれが	する（です）	だれ・なに
あなたのお姉さんは	切ります	ほうれん草を

aもsもつかないよ！

➡ 答えは111ページ！

99

My コラム

★人や動物などはだれがボックスとだれ・なにボックスの両方に
　入れることができるよ。

だれが	する（です）	だれ・なに
わたしの友だちは	です	せが高い
My friend	is	tall.

➡

だれが	する（です）	だれ・なに
かれは	です	わたしの友だち
He	is	my friend.

だれが	する（です）	だれ・なに
あなたのお母さんは	作ります	夕はんを
Your mother	cooks	dinner.

➡

だれが	する（です）	だれ・なに
あなたは	手つだいます	あなたのお母さんを
You	help	your mother.

★わたし、あなた、かれ、かのじょ、わたしたち、あなたたち、
　かれら・かのじょらは形が変わるよ。なぞろう！

だれが	
わたし	I
あなた	You
かれ	He
かのじょ	She
わたしたち	We
あなたたち	You
かれら・かのじょら	They

➡

だれに・だれを	なにに・なにを
わたし	me
あなた	you
かれ	him
かのじょ	her
わたしたち	us
あなたたち	you
かれら・かのじょら	them

答え

まちがったところはしっかり覚えてね。

● 20、21 ページ

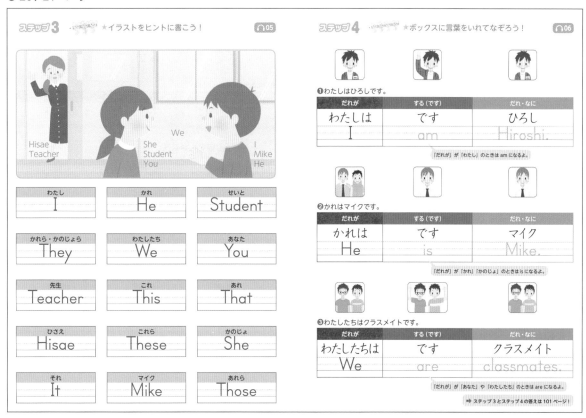

● 24、25 ページ

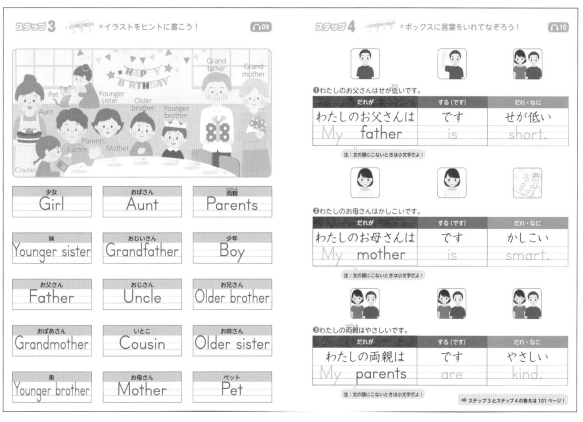

答え

● 28、29 ページ

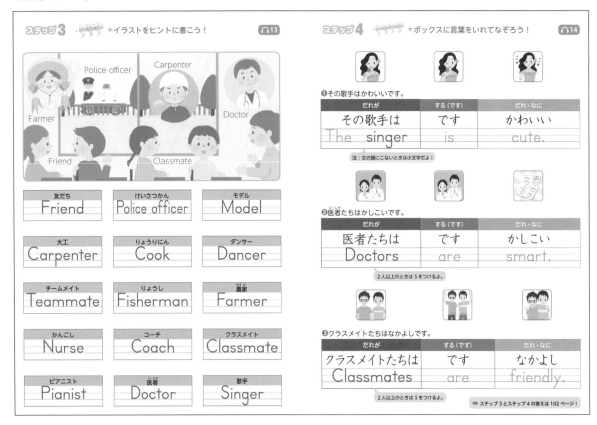

● 32、33 ページ

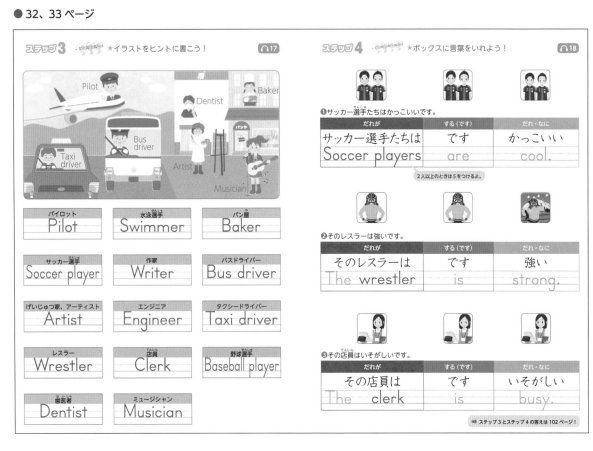

● 34、36 ページ

テーマ2　まとめ 🎧19

★次の日本語を英語で書いてみよう

わたし	お母さん	妹
I	Mother	Younger sister

せいと	レスラー	歌手
Student	Wrestler	Singer

医者	農家	あれ
Doctor	Farmer	That

これら	お父さん	ピアニスト
These	Father	pianist

★次の英語を日本語で書いてみよう

This	It	Soccer player
これ	それ	サッカー選(せん)手

Younger brother	We	She
弟	わたしたち	かのじょ

Cook	Friend	Teammate
りょうりにん	友だち	チームメイト

Farmer	Swimmer	Teacher
農(のう)家	水泳選(せん)手	先生

★文を書こう！ 🎧21

❶わたしの友だちはやさしいです。

だれが	する（です）	だれ・なに
わたしの友だちは	です	やさしい
My friend	is	kind.

❷わたしのお兄さんはせが高いです。

だれが	する（です）	だれ・なに
わたしのお兄さんは	です	せが高い
My older brother	is	tall.

❸かれの妹はかわいいです。

だれが	する（です）	だれ・なに
かれの妹は	です	かわいい
His younger sister	is	cute.

❹かのじょのお父さんは大きいです。

だれが	する（です）	だれ・なに
かのじょのお父さんは	です	大きい
Her father	is	big.

❺わたしたちの先生はわかいです。

だれが	する（です）	だれ・なに
わたしたちの先生は	です	わかい
Our teacher	is	young.

➡ 答えは103ページ！

● 40、41 ページ

ステップ3　★イラストをヒントに書こう！ 🎧24

わたし	ニコニコする	おどる
I	smile	dance

ねる	働く	わたしたち
sleep	work	We

かのじょ	あなた	泣く
They	You	cry

★書いた単語はどちらに入るかな？ 分けてみよう！

「だれが」に入ることば
I　We
They　You

「する（です）」に入ることば
smile　dance
sleep　work
cry

ステップ4　★ボックスに言葉をいれよう！ 🎧25

❶わたしたちはねます。

だれが	する（です）	だれ・なに
わたしたちは	ねます	🌙
We	sleep.	

ピリオドがつくよ！

❷かのじょらはニコニコします。

だれが	する（です）	だれ・なに
かのじょらは	ニコニコします	🌙
They	smile.	

ピリオドがつくよ！

❸あなたは泣きます。

だれが	する（です）	だれ・なに
あなたは	泣きます	🌙
You	cry.	

ピリオドがつくよ！

➡ ステップ3とステップ4の答えは103ページ！

103

答え

● 44、45 ページ

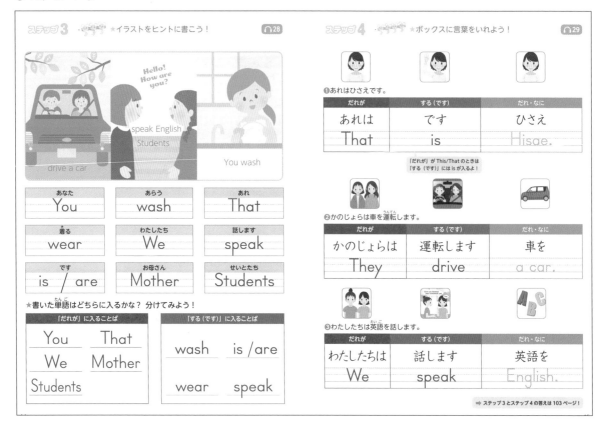

● 48、49 ページ

● 52、53 ページ

● 56、57 ページ

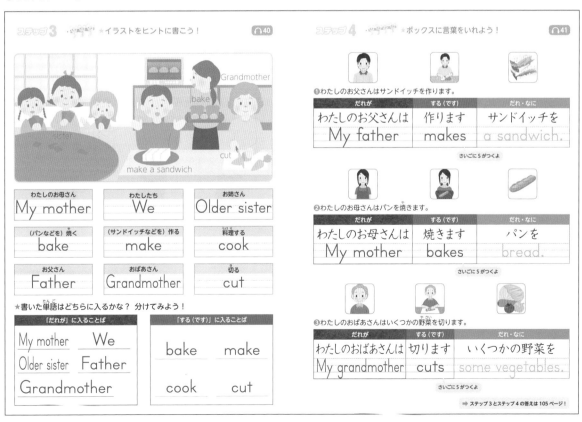

答え

● 60、61 ページ

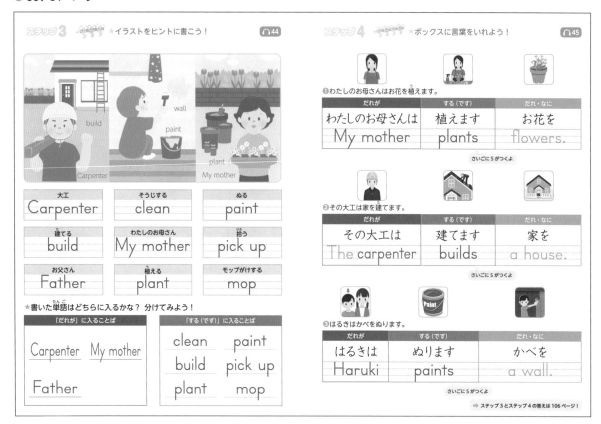

● 64、65 ページ

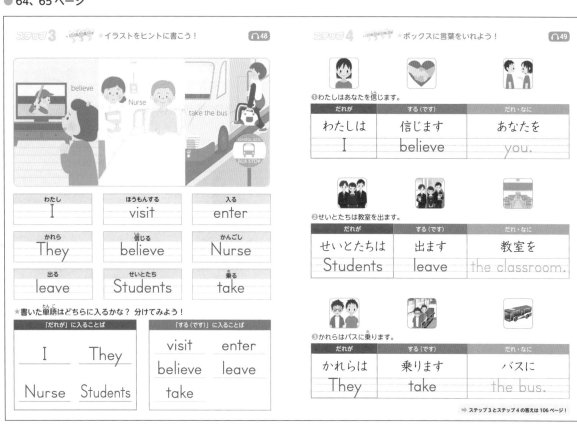

● 66、67 ページ

テーマ3 まとめ 🎧50

※次の日本語を英語で書いてみよう

食べる	ねる	飲む
eat	sleep	drink

好き	そうじする	切る
like	clean	cut

持ってくる	描く	知る
bring	draw	know

ほしい	泣く	(スポーツを)する
want	cry	play

※次の英語を日本語で書いてみよう

sit	run	open
すわる	走る	開(ひら)く

enjoy	hit	mix
楽しむ	打(う)つ	まぜる

plant	win	lose
植(う)える	勝(か)つ	負(ま)ける

drive	close	wear
運転(うんてん)する	しめる	着(き)る

🎧51

※英単語をボックスにいれて文を完成させよう。

①わたしは本を買います。

だれが	する（です）	だれ・なに
わたしは	買います	本を
I	buy	a book.

②ひさえは英語を教えます。

だれが	する（です）	だれ・なに
ひさえは	教えます	英語を
Hisae	teaches	English.

③かれらはドアをしめます。

だれが	する（です）	だれ・なに
かれらは	しめます	ドアを
They	close	the door.

④リサは花を植えます。

だれが	する（です）	だれ・なに
リサは	植えます	花を
Lisa	plants	flowers.

➡ 答えは107ページ！

● 68 ページ

My コラム 🎧52

※声に出しながら書いてみよう

書けなかったものは
前のページをみなおそう！

わたしの先生	わたしの両親
My teacher	My parents

あなたの友だち	あなたのおじいさん
Your friend	Your grandfather

かれのクラスメイト	かれのチームメイト
His classmate	His teammate

かのじょのお兄さん	かのじょのおばあさん
Her older brother	Her grandmother

わたしたちの妹	わたしたちのコーチ
Our younger sister	Our coach

あなたたちのお父さん	あなたたちのクラスメイトたち
Your father	Your classmates

かのじょらのお母さん	かれらの友だち（数人いるとき）
Their mother	Their friends

➡ 答えは107ページ！

答え

● 72、73 ページ

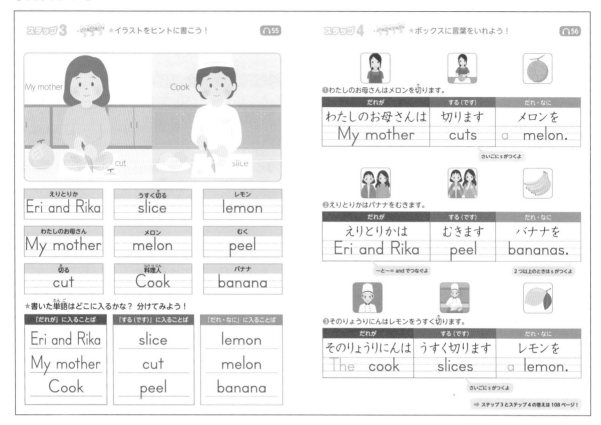

● 76、77 ページ

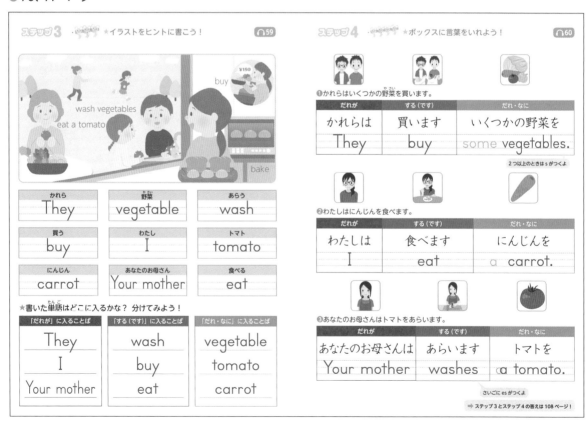

108

● 80、81 ページ

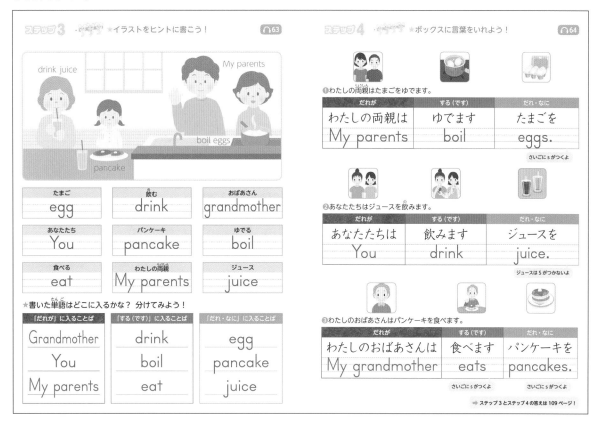

● 84、85 ページ

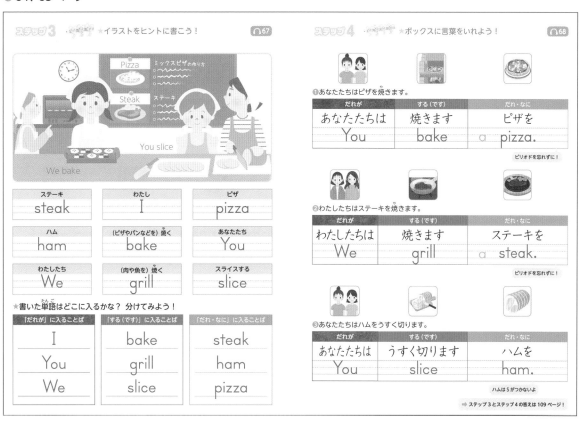

答え

● 88、89 ページ

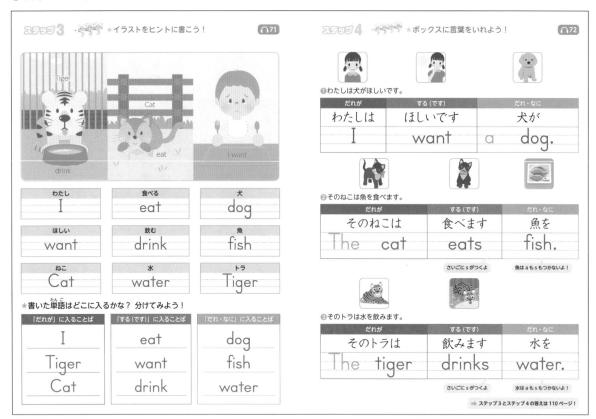

● 92、93 ページ

● 96、97 ページ

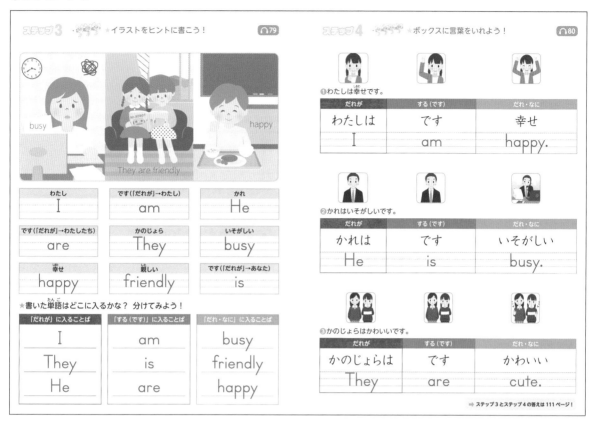

● 98、99 ページ

●監修者紹介

田地野 彰 (Akira Tajino)

名古屋外国語大学教授。京都大学名誉教授。専門は、教育言語学・英語教育。言語学博士 (Ph.D.)。「意味順」関連では、『「意味順」だからできる！絵と図でよくわかる小学生のための中学英文法入門』(Jリサーチ出版, 2020)、『「意味順」式 イラストと図解でパッとわかる英文法図鑑』(KADOKAWA, 2021)、『ドラえもんの英語おもしろ攻略―ひみつ道具で学ぶ英語のルール』(小学館, 2022)、『改訂版「意味順」式で中学英語をやり直す本』(KADOKAWA, 2023)、NHKテレビ語学番組Eテレ「基礎英語ミニ」(2012年度上半期)、「意味順ノート」(日本ノート) などの著者・監修者。NHKラジオテキスト『基礎英語1』(2013年度・2014年度) と『ラジオで！カムカムエヴリバディ』(2021年度) にて連載を担当。

●著者紹介

中川 浩 (Hiroshi Nakagawa)

近畿大学情報学部講師。専門は英語教育学。教育学博士 (Ed.D.)。アメリカ・モンタナ州のCarroll大学を経て英語教授法の学位を取得。その後、アリゾナ州、カンザス州でアメリカ人を含む他国の学生に英語を教えるとともに、ESLプログラムを統括。Fort Hays State Universityで修士号取得、現地のESL教員養成プログラムの構築に関わる。約10年間アメリカにて英語教育を行ったのち、日本に帰国し大学教員となる。2017年にNorthcentral Universityで博士号取得。著書は『「意味順」だからできる！小学生のための英文法ドリル1 be動詞マスター』(Jリサーチ出版, 2019)、『「意味順」だからできる！小学生のための英語総まとめドリル1 3・4年生』(Jリサーチ出版, 2022) など。Twitter @Hironakagawaa

カバーデザイン／イラスト	有限会社ウエナカデザイン事務所
本文デザイン／DTP	平田文普
本文イラスト	Tsuki、佐土原千恵子
音声録音・編集	一般財団法人英語教育協議会 (ELEC)
ナレーター	Karen Haedrich、水月優希

「意味順」だからできる！
小学生のための英単語ドリルはじめの一歩1

令和3年（2021年）3月10日	初版第1刷発行
令和5年（2023年）4月10日	第3刷発行

監修者	田地野彰
著 者	中川浩
発行人	福田富与
発行所	有限会社Jリサーチ出版
	〒166-0002 東京都杉並区高円寺北2-29-14-705
	電 話 03(6808)8801(代) FAX 03(5364)5310
	編集部 03(6808)8806
	https://www.jresearch.co.jp
	Twitter公式アカウント @Jresearch_ https://twitter.com/Jresearch
印刷所	シナノ パブリッシング プレス